RÉMARQUES

SUR LA GRAMMAIRE FRANÇOISE

DE M. DE WAILLY, DIXIEME ÉDITION,

Suivies de quelques Vers tant Latins que François.

Par M. D'AçARQ ancien Profeſſeur de l'École Royale Militaire, des Académies d'Arras, de la Rochelle, de Florence, & de la Société Littéraire de Dunkerque.

Non labor in tenui, tenuis ſed gloria, ſi qua eſt:

L'objet de ce travail eſt très important, la gloire, s'il y en a, peu conſidérable.

Prix 12 ſols.

À SAINT-OMER:

De l'imprimerie de H. F. BOUBERS.

M. D. CC. LXXXVII.

LA Grammaire Françoise de M. de Wailly étant à sa dixième édition, & fort vantée, nous avons cru devoir la lire avec la plus grande attention d'après l'intérêt que nous prenons depuis long-temps à tout ce qui concerne notre Langue. Cette lecture nous a donné lieu de faire des réflexions que M. de Wailly rectifiera, s'il ne les trouve pas justes, ou qu'il mettra à profit, si elles lui paroissent bonnes.

Nous n'oublierons rien, ni l'Épitre Dédicatoire, ni la Préface, ni le corps de l'ouvrage, ni même l'abrégé de la versification françoise de l'Auteur. *Sunt bona , sunt quædam mediocria , sunt mala mul*

ta, du bon, du médiocre, du mau-
vais, c'eſt ce qu'on peut dire de ſa
manière d'écrire , & ſans doute
auſſi de notre manière d'obſerver.
Nous le critiquons , on nous criti-
quera, & pourvu qu'on imite l'exemple d'honnêteté que nous allons
donner, ce ſera tant mieux pour le
public qui préfère toujours l'éclair-
ciſſement de la vérité aux injures
dont les gens de lettres ne s'acca-
blent que trop ſouvent.

ÉPITRE

DÉDICATOIRE.

LIGNE 23. » & quand ils connoissent les
» principes de leur *Langue*, il leur est aisé
» d'en faire l'application à *celles* de Rome
» & d'Athênes.

Le pronom démonstratif *celui*, *celle*, a toujours avant ou après lui un substantif corrélatif avec lequel il s'accorde en genre &
en nombre. Ici *Langue* du genre féminin ,
mais du nombre singulier , est ce substantif
corrélatif. A *celles* de Rome & d'Athênes
c'est-à dire *aux Langues* , & puis par le pronom à *celles* rapporté à *Langues* qu'on a dans
l'esprit. Cette énonciation qui est *sylleptique*,
c'est-à dire selon le sens , & non selon
les mots , est-elle assez autorisée par l'usage?

Lig. 37. » Je l'ai *fur tout* compofé pour » les Élèves que vous formez.

Ce *fur tout* qui fignifie *principalement*, nous l'euffions placé entre *compofé & pour*, & il nous femble qu'il en auroit produit beaucoup mieux fon effet.

Lig. 44. » Mais la crainte de vous » offrir un *effai* peu digne de vous, m'a » empêché de *me* préfenter.

Me fait entendre la préfentation de la perfonne , tandifqu'il ne s'agit que de la préfentation de l'effai.

Lig. 45. » *Avec* le plus grand foin.

Lig. 49 » *Avec* une forte de confiance.

Lig 52. » *Avec* les fuffrages de la célèbre » Univerfité.

Lig. 59. » *Avec* les plus vifs fentiments.

Lig. 60. » *Avec* un très-profond refpect.

Nous croyons que M. de Wailly n'auroit pas dû répéter fi fouvent dans un fi petit efpace la prépofition *avec*. Ces fortes de répétitions d'où il ne réfulte aucun agrément, & qu'aucune néceffité n'amène , marquent une certaine difette , ou une certaine inattention. Nous fommes perfuadés que ce n'eft point difette de la part de l'Auteur; mais l'inattention même eft un grand défaut dans une petite Épitre Dédicatoire qu'une élégance naturelle jointe à une noble fimplicité ne manque jamais de rendre intéref-fante, quand elle a toutes les qualités requifes.

PRÉFACE.

Pag. 10. » J'invite D. de Vienne à m'imi-» ter, à ne pas fe contenter de dire, *quoi-* » *que M. de Wailly ait écrit après M.* » *Reftaut, la plûpart de fes définitions ne* » *font pas plus exaftes.* Je le prie de vou-» loir bien en expofer les défauts.

Il (M. de Wailly) définit, par exemple, le verbe aftif celui qui exprime une aftion faite par le fujet, ce font les paroles de D. de Vienne qui continue ainfi; mais *courir* & *marcher* expriment des aftions faites par le fujet, & ne font pas des verbes aftifs.

Ce n'eft point là taxer vaguement de défeftueufe la définition du verbe aftif, puifqu'on expofe la raifon pour laquelle on ne la croit pas exafte. Cette raifon eft-elle folide ? ou ne l'eft - elle pas ? c'eft à M. de Wailly à la combattre, & à D. de Vienne à la défendre. Pour nous penfant, comme ce dernier, du caractère des définitions que donne M. de Wailly, quand nous en ferons au corps de fon ouvrage, nous démontrerons qu'il définit fouvent très - mal, & que fouvent auffi il ne définit point du tout, de crainte peut - être de mal définir.

Pag. 11. » De là j'ai conclu qu'il falloit » commencer la conjugaifon par l'infinitif. » Cette *nouveauté* m'a paru auffi utile que » raifonnable.

Ce que M. de Wailly nous donne ici pour une nouveauté, n'en eft pas une, cette prétendue nouvauté fe trouvant confignée d'abord dans l'excellente Grammaire Françoife du P. Buffier imprimée en 1709, & enfuite dans la Grammaire Françoife de Louis Chambaud à l'ufage des Anglois qui veulent apprendre notre Langue. Buffier & Chambaud, Grammairiens du prémier ordre tous les deux, commencent par l'infinitif, & finiffent par l'impératif en mettant de fuite tous les temps fimples, & enfuite tous les temps compofés de chaque mode, ce que M. de Wailly ne fait point, & ce qui dans les deux Grammairiens Philofophes que nous venons de citer, donne la plus grande importance au nouvel arrangement dans lequel ils expofent les quatre modes de chaque verbe.

Même pag. 11. fix lig. plus bas » Je ne me » fuis pas contenté de donner les régles » générales & élémentaires de notre Langue. » J'ai tâché d'y renfermer les principes qu'il » faut fçavoir pour la parler & *l'écrire.*

Dans ce dernier mot *l'écrire* il y a deux difconvenances de ftyle des plus confidérables. On dit fçavoir parler *fa* langue, fçavoir écrire *dans fa* langue; *écrire* fe prend ici pour *compofer,* pour l'opération de l'efprit, & non pour l'action méchanique, ou pour celle de la main. Il falloit donc que M. de Wailly dit, les principes qu'il faut fçavoir pour écrire *dans* fa langue, *& la parler.* Nous ajoutons qu'il manque quelque chofe à *& la parler,* fçavoir la prépofition *pour.*

puifque *compofer* & *parler* expriment deux idées différentes. M. de Wailly auroit dû s'énoncer en difant, les principes qu'il faut fçavoir pour écrire *dans* fa langue, *& pour* la parler.

Pag. 13. » Je me fuis peu arrêté fur les » *définitions.*

Tant pis, diront à M. de Wailly fes Lecteurs ; c'eft parce que vous vous y êtes peu arrêté, qu'elles nous arrêtent beaucoup, & qu'elles ne nous fatisfont point faute de cette vérité, de cette brieveté, de cette clarté que nous n'y trouvons pas, & qui auroient tourné à votre gloire, ainfi qu'à notre avantage.

Ne point définir, c'eft ne pas inftruire de la nature des chofes, & définir mal, c'eft induire en erreur. Le Philofophe qui pourroit définir parfaitement chaque chofe, feroit le parfait Philofophe, parce que la nature de chaque chofe lui feroit parfaitement connue, & qu'il la feroit connoitre parfaitement: ce Philofophe n'exifte point. Quand nous rencontrons des définitions ou fauffes, ou

obſcures, ou diffuſes, qu'avons-nous à faire?
Il faut ou que nous les rectifiions, ou que
nous les éclairciſſions, ou que nous les abré-
gions; alors elles nous appartiennent. Nous
ne nous étendons tant ſur cet article, que
parcequ'il nous ſemble que M. de Wailly en
fait trop peu de cas.

Pag. 16. » Je *différe* auſſi des autres
» Grammairiens ſur ce qui regarde le verbe.

Ce n'eſt pas le tout que de différer, l'eſ-
ſentiel eſt de différer pour penſer mieux,
nous verrons ſi M. de Wailly différe effecti-
vement, & ſi la différence lui eſt avantageuſe.

Pag. 17. » D'après M. Girard, j'ai appellé
» ſimplement *gérondif* des mots que d'autres
» Grammairiens appellent tantôt *gérondifs*,
» & tantôt participes *actifs*.

En fait de *ſynonimes* l'Abbé Girard eſt un
modèle de perfection qu'il eſt preſque im-
poſſible d'égaler. En fait de *Grammaire*,
c'eſt un modèle de ſingulariré avec lequel
il faut tâcher d'avoir le moins de reſſem-
blance poſſible. La métamorphoſe qu'il a
faite de tous nos participes *préſents* en autant

de *gérondifs*, n'a pas empêché M. Duclos de diftinguer les *gérondifs* & les participes *préfents* qu'il appelle *aĉifs*. M. de Wailly n'auroit-il pas mieux fait d'imiter M. Duclos?

Même pag. 17. » Il m'a femblé qu'on ne » devoit pas appeller participes *aĉifs* des » mots qui n'expriment point d'action, comme *étant*, *dormant*, *repofant*. Quoi ! *dormant* n'exprime pas une aĉion ! eft – ce que tout mouvement ne dit pas une aĉion quelconque ? eft – ce que le fommeil s'opère fans mouvement ?

Même pag. 17. » J'évite ces dénomina- » tions en donnant le nom de gérondif à » *lifant*, *écrivant* &c, & en appellant par- » ticipes les mots *lu*, *écrit* &c.

Nous faifons tout le contraire de M. de Wailly, & nous difons, *lifant*, *écrivant* font des participes *préfents*, comme *legens*, *fcribens* ; *lu*, *écrit* font des participes *paffés*, comme *leĉum*, *fcriptum*. Les Latins avoient une terminaifon particulière pour défigner leur gérondif, c'étoit la terminaifon *do*, *legendo*, *fcribendo*. Nos verbes n'ont pas une terminaifon deftinée à cet effet, nous employons pour cela la terminaifon des participes préfents avant lefquels nous exprimons, ou nous foufentendons la prépofition *en*, *legendo*, *fcribendo*, *en* lifant, *en* écrivant. De cette manière nous laiffons fubfifter les participes *actifs*, ou préfents, & nous les faifons même fervir à former l'équivalent du gérondif moyennant la prépofition *en* qui les devance. La Langue Angloife a des participes préfents & des participes paffés indéclinables les uns & les autres, ainfi que le refte de fes adjectifs qui font de tout genre & de tout nombre. Là même Langue Angloife forme fes gérondifs avec les participes préfents précédés de la prépofition *in*. L'indéclinabilité actuelle de nos participes préfents n'autorife donc point à les détruire, ou pour mieux dire, à les dénaturer en les convertiffant en autant de gérondifs imaginaires.

Pag. 20. » J'avertis que je n'avouerai d'au- » tre édition que *celle imprimée* à Paris &c.

Cette énonciation *celle imprimée* manque d'élégance & n'eft point celle du ftyle foigné.

Dans cette énonciation il y a une sorte d'ellipse par laquelle on supprime les mots *qui*
a été; mais cette ellipse qui se pratique au
Palais, & dans l'ordre mercantile, est in-
connue aux bons Écrivains.

CORPS DE L'OUVRAGE.

Ce sont les définitions de M. de Wailly
qui vont nous occuper ici principalement.

Pag. 2. » Les mots dont on se sert pour
» exprimer ses pensées, sont le *substantif*,
» *l'adjectif*, *l'article*, le *pronom*, le *verbe*,
» la *préposition*, *l'adverbe*, la *conjonction*, &
» la *particule* ou *l'interjection*. Le substantif
» exprime le nom des personnes & des cho-
» ses &c.

Y a-t-il toute la clarté qu'on pourroit
desirer dans cette définition du subtantif?
Le subftantif exprime le *nom*, on demandera à M. de Wailly, mais qu'est-ce que
le nom ? vous ne l'avez pas dit. Le nom des
personnes & des chofes, on lui demandera
encore, mais les personnes ne sont-elles
pas des chofes ? il falloit donc dire quelle

eſpèce de choſes ſont les perſonnes... L'Évê-
que actuel de Londres † (le Docteur Lowth)
aſſigne auſſi au diſcours les mêmes parties
que M. de Wailly, faiſant du *ſubſtantif* &
de *l'ajectif* deux de ces parties, & excluant
le *participe*. Quoique l'autorité du Docteur Anglois ſoit du plus grand poids en
fait de Grammaire, nous oſerons lui repré-
ſenter qu'il auroit dû diviſer le verbe auſſi
en deux parties du diſcours, car tout verbe,
ainſi que tout nom, eſt ou ſubſtantif, ou
adjectif ; mais dans le vrai ces mots *ſubſtantif* & *adjectif* par rapport au nom &
par rapport au verbe ſont la première divi-
ſion de l'un & de l'autre, *nom* & *verbe* ſont
le genre au deſſus duquel il n'y a rien, &
qui comprend toutes les eſpèces ; c'eſt ce
genre qu'il faut expoſer par ſa définition
l'orſqu'on expoſe les parties conſtitutives du
diſcours, parce que l'expoſition des eſpèces
meneroit trop loin ; quant à l'omiſſion du
participe, elle nous ſemble inexcuſable. Si

---

† Nous apprenons que ce Prélat qui vivoit, quand nous
écrivions nos Remarques, vient de mourir.

dans la Langue Angloife le participe n'eft pas fujet aux accidents qu'il fouffre dans notre Langue, aux accidents de la déclinabilité, au changement de genre & de nombre, c'eft dans l'idiome de nos voifins, comme dans le nôtre, un adjectif privilégié qui marque ou le temps préfent, ou le temps paffé. Il mérite donc une attention particulière qui n'eft point dûe aux adjectifs fimplement qualificatifs. Il lui convient donc mieux qu'à ceux-ci d'être rangé parmi les parties du difcours. *Harris* très-favant Grammairien Anglois, qui approfondit tout dans fon *Hermés*, a traité du participe en vrai Philofophe.

Pag. 6.

» Nobles, fouvenez-vous qu'une naiffance illuftre.
» Des fentiments du cœur reçoit fon plus beau luftre.

Voici la manière dont M. de Wailly explique les quatre derniers mots du fecond vers, *fon plus beau luftre*, c'eft-à-dire *le plus beau de fes luftres*. Sur quoi nous obferverons que *luftre* dans le fens propre fignifie une eau compofée dont les Pelletiers, les Chapelliers &c. fe fervent pour rendre luifants les Manchons, les Chapeaux &c.

Ce mot eſt employé ici dans le ſens figuré, & nous ſoutenons que dans ce dernier ſens au moins il n'a point de pluriel. Nous avons un autre mot qui s'écrit de même, qui ſignifie un eſpace de cinq ans, & auquel le pluriel convient ſans contredit, deux *luſtres*, trois *luſtres*, quatre *luſtres* &c. c'eſt - à dire *dix*, *quinze*, *vingt ans* &c. Mais on ne dit ni les *luſtres* de la naiſſance, ni les *luſtres* de la vertu &c. le mot *luſtre* ſignifiant *éclat*, eſt réduit au ſeul nombre ſingulier.

Pag. 7. » On emploie encore *plus* avant » *bien* & *bon*, quand *plus* eſt *particule*, & » non pas adverbe de comparaiſon : autre- » fois il écrivoit bien, mais à préſent il » n'écrit *plus* bien. Quand les fruits ſont » trop mûrs, ils ne ſont *plus* bons.

Le jeune Lecteur de M. de Vailly doit prendre dans ces deux exemples le mot *plus* pour une particule, & deviner ce que le mot *particule* ſignifie, puiſque M. de Wailly le lui préſente ſans l'avoir défini, défaut de méthode qu'on a à reprocher à toute la Grammaire de l'Auteur. Les Géomêtres qui

font bons à imiter, procèdent d'une manière toute oppofée. Ils n'emploient aucun
terme qu'ils ne définiffent, moyennant quoi
on fçait toujours ce qu'ils veulent dire par
les termes qu'ils emploient. Lorfqu'on a à
traiter tout au long de toutes les parties du
difcours, la feule bonne méthode eft de
comm=ncer par les définir fucceffivement les
unes après les autres, afin que dans l'explication détaillée qu'on faira de chacune, la
néceffité de faire ufage des autres ne donne
aucun embarras aux Lecteurs qu'on fe propofe
d'inftruire. D'ailleurs l'explication détaillée
par où l'on débute, eft *une pratique de rou-*
tine, acquife à force d'exemples, mais fans
des principes affez fûrs, ni des notions affez
claires, ce font les paroles de Buffier, nous
y ajoutons, pratique difficile à retenir dans
toute fon étendue, au lieu que précédée des
définitions qui la contiennent fuccintement,
elle fe retient avec plus de facilité, quand
elle fert à les développer avec précifion.

Pag. 10. » L'article ne fignifie rien par
» lui même.

(19)

Eſt - ce là une définition ? L'article eſt par lui même une partie du diſcours, il y a donc des parties du diſcours inſignifiantes par elles mêmes. Ne fallóit - il pas dire, l'article ſignifie l'individualiſation des noms communs , ou ſert à individualiſer ces ſortes de noms ? Eſt - ce que cette individualiſation, cette fonction d'individualiſer ne ſont rien par elles mêmes ?

Pag. 42. » Les pronoms ont été *inventés* » pour tenir la place des noms, en rappeller » l'idée, & en éviter la répétition qui feroit » languir le diſcours.

Cette définition, ſi c'en eſt une, eſt - elle juſte ? Il y a bien des Grammairiens qui penſent que les pronoms ſont de plus ancienne date, que les noms, & nous ne ferions pas éloignés de penſer ainſi. Pour ſtatuer ſur cette date, il faut remonter à l'origine des Langues. N'eſt - il pas probable qu'à cette époque les hommes inventèrent d'abord ce qu'il y avoit de plus aiſé ? Oui ſans doute. Or l'invention des pronoms qui ſont en petit nombre, n'étoit - elle pas plus

aifée, que celle des noms dont le nombre
eft infini ? Oui encore. Il paroît vraifem-
blable que l'on commença par imaginer les
pronoms démonftratifs *hoc*, *cela* &c. Pour
faire voir les individus avec le fecours des
geftes, & qu'on n'adopta ce langage pro-
nominal aidé de la gefticulation, qu'en atten-
dant la défignation des objets par des noms
particuliers. Telle eft la marche de l'efprit
humain, il va du plus fimple au plus compofé, du plus aifé au plus difficile. Ce feroient
donc plutôt les noms qui auroient remplacé
les pronoms.

» Les pronoms ont été inventés pour &c
» &c, *& éviter la répétition des noms qui*
» *feroit languir le* difcours.

Il eft un pronom perfonnel, felon M. de
Wailly, nous voudrions que cet Auteur
nous dît quels font les noms dont ce pronom fait éviter la répétition dans les deux
énonciations fuivantes, *il pleut*, *il grêle*. Nous
n'avons jamais vu de nom employé comme
fujet de ces verbes pris dans leur fens propre. *Pluit*, *grandinat*, le fujet de ces deux

verbes

verbes latins, c'eſt probablement ou *aër*, ou *cœlum*, le ſujet des deux verbes françois eſt auſſi ſelon toutes les apparences, ou *l'air*, ou le *ciel*; mais comme aucun de ces ſubſtantifs ne s'annèxe jamais à ces verbes, le mot *il* n'en fait donc pas éviter la *répétition*. Conſéquemment ſi le mot *il* eſt *pronom* dans ces deux exemples, c'eſt un de ces pronoms antérieurs aux noms, ou la déf“nition de M. de Wailly eſt défectueuſe.

Pag. 47. » le verbe eſt un mot qui ex» prime ou une action faite, ou une action » reçue par le ſujet; ou bien il ne ſignifie que » l'état du ſujet. M. de Wailly devoit commencer par définir le verbe en général, par définir ce que tous les verbes ſans exception ont de commun, & il commence par expoſer ce que trois eſpèces de verbes ont de diſ“férent ſans qu'on en puiſſe inférer en quoi conſiſte un verbe quelconque. Les ſubſtantifs métaphyſiques *action*, *paſſion*, & *état* n'ex“priment - ils pas auſſi ce que M. de Wailly dit que le verbe exprime ? cependant ces ſubſtantifs ne ſont pas des verbes. Le verbe n'eſt donc pas bien défini d'abord pour cette raiſon. Enſuite » le verbe eſt un mot qui » exprime ou une action *faite* &c. D'après ces paroles le verbe actif ne ſeroit verbe ni au préſent, ni au futur ; car une action faite n'eſt ni une action qui ſe fait, ni une action qui ſe faira : une action *faite* ne marque que le paſſé… » ou bien il ne ſignifie que l'état du ſujet. Dans ces mots *je ſuis*, *ſuis* eſt un verbe, & ne marque pas cependant l'état de ſon ſujet *je*, ni ſon état de ſanté, ni ſon état de maladie &c.

Le verbe eſt un mot qui *affirme*, dit D. Devienne qui eſt également verſé dans la théorie & dans la pratique de notre Langue, à qui le ſécond Burin de l'hiſtoire ſied bien, &, à qui les pinceaux déliés de la Grammaire ne conviennent pas moins. Sa définition eſt bonne, nous ajouterions & beaucoup meilleure que celle de M. de Wailly, ſi la définition de ce dernier n'étoit pas poſitivement mauvaiſe.

Nous diſions en 1760 au ſujet de la nature du verbe, il y a trois choſes qu'on doit diſtinguer, *l'eſſence métaphyſique*, *l'eſſence phyſique*, & *le propre* du verbe. Cé que l'on conçoit d'abord dans tout verbe, c'eſt *l'affirmation*, telle en eſt *l'eſſence métaphyſique*, ſon *eſſence phyſique*, ou ce qu'on y conçoit d'abord après, c'eſt ou *l'exiſtence*, ou *l'action*, ou la *paſſion*, ou la *ſituation affirmées*. Ce qu'on y conçoit enſuite, ou ce qui luî eſt *propre*, ce ſont la *perſonne*, le *nombre*, le *temps* &c... En définiſſant le verbe M. de Wailly diffère de D. Devienne, de nous &c; ne vaudroit - il pas beaucoup mieux pour lui qu'il nous reſſemblât un peu ? il faudroit que dans les définitions les idées acceſſoires fuſſent toujours ſubordonnées aux idées principales, que celles - ci fuſſent toujours enoncées avant celles là ; c'eſt à quoi manque ſouvent M. de Wailly qui ſe borne même quelque-fois aux ſeules idées acceſſoires.

Par la méthode analytique, par celle qui va du compoſé au ſimple, on parvient à connoitre la vérité. Par la méthode ſynthé-tique, par celle qui va du ſimple au compoſé, on réuſſit à tranſmettre la vérité connue. Ces deux méthodes doivent être employées par un Auteur; la prémière, lorſqu'il cher- che à s'inſtruire lui même ; la ſeconde, lorſqu'il écrit pour inſtruire les autres : l'analyſe & la ſynthèſe ont leurs loix, voici celles de la ſynthèſe, ou de l'enſeignement.

1°. N'employer jamais aucun mot, au- cune enonciation à ſens obſcur, ou ambigu, ſans les définir lumineuſement.

2°. Les mots & les enonciations une fois définis, ne leur donner jamais dans la ſuite du raiſonnement ou du diſcours une accep- tion différente de celle qu'on leur a d'abord donnée.

3°. Ne tirer jamais en raiſonnant ou en diſcourant aucune conſéquence qui ne tienne par un lien immédiat & néceſſaire aux pro- poſitions précédentes d'où on la tire.

4°. Une propoſition employée pour en déduire quelque conſéquence, ne l'avancer jamais, quand elle n'eſt pas déduite elle même de quelque autre propoſition évidente.

Ces loix ſynthétiques regardent principalement les sciences, par conséquent la Grammaire générale qui en est une ; elles peuvent s'adapter aux arts aussi, & conséquemment & spécialement aux Grammaires particulières dans lesquelles la Grammaire générale entre, comme pour les animer.

Pag. 121 » M. d'Açarq, d'après M. Du-
» marsais, distingue la Syntaxe de la cons-
» truction. Nous n'avons pas adopté cette
» distinction, parcequ'elle est contraire à
» l'étymologie du mot *Syntaxe.* Qu'importe l'étymologie lorsqu'elle contredit la vérité ? or elle la contredit dans le cas présent, car la vérité est que la Syntaxe demeurant la même, la construction peut varier & en latin, & en françois ; en latin *accepi litteras tuas*, ou *litteras tuas accepi* (j'ai reçu vos lettres) même Syntaxe latine, même concordance, même régime ; construction différente, ou arrangement des mots fait différemment ; *litteras tuas* finit le premier arrangement, & commence le second &c. en françois.

Faut - il que sur le front d'un profane adultère
Brille de la vertu le sacré caractère ?   *Raci*

Faut - il que le caractère facré de la vertu brille fur le front d'un adultère profane ?

Malgré la conftruction qui différencie ces vers & cette profe, la Syntaxe y eft la même ; c'eft le même régime, c'eft la même concordance. La conftruction des mots qui forment les vers, eft élégante & tranfpofitive ; la conftruction des mots qui forment la profe, eft fimple & naturelle ; mais dans l'une & dans l'autre conftruction le même fens réfulte de la même Syntaxe. Nous ne donnons pas ce dernier développement d'après M. Dumarfais, notre incomparable maître; nous ne l'en croyons pas moins digne de l'indulgence de M. de Wailly.

Datif, terme de Grammaire latine, eft un des cas des noms de cette langue, qui, fuivant l'étymologie, fert à défigner les objets auxquels on donne, on a donné, ou l'on donnera quelque chofe. Cette étymologie empêchera - t - elle M. de Wailly de convenir que la même terminaifon appellée *datif* fert pareillement à défigner les objets auxquels on ôte, on a ôté, ou l'on ôtera :

dedit *illi* vitam , eripuit *illi* vitam) il *lui* a donné la vie, il *lui* a ôté la vie). Le premier *illi* s'accommode avec l'étymologie *datif*, le fecond *illi* la contredit. M. de Wailly auroit dû conclure de cette feule réfléxion que la vérité eft toujours préférable à l'étymologie qui la combat.

ABREGÉ

DE LA VERSIFICATION FRANÇOISE.

Pag. 518. » Les vers font des paroles » arangées felon certaines regles fixes & dé- » terminées. Eft-ce là définir les vers ? cette définition ne convient-elle pas à la profe auffi ? nous euffions mieux aimé dire, les vers françois font le langage, ou le difcours affujetti à un certain nombre déterminé de fyllabes. *Sricta numeris oratio*, voilà la définition des vers latins; *foluta numeris oratio*, voila la définition de la profe latine ; le mot *numeris*, par rapport à la poëfie françoife, ne fignifie que le feul nombre de fyllabes, au lieu que par rapport à la poëfie latine, il fignifie outre cela le nombre des fyllabes longues, & celui des fyllabes brèves.

Pag. 528. » Il y a quelques expreſſions
» que les Poëtes emploient heureuſement,
» & qui ne plairoient pas dans la proſe :
» teles ſont *le Tout - Puiſſant* pour *Dieu*,
» *repentance* pour *repentir* &c.

Nous ne voyons pas pourquoi cette enonciation *le Tout - Puiſſant* déplairoit en proſe,
ſur tout dans une proſe noble & ſoutenue.
Nous ne voyons pas non plus que *repentance*
& *repentir* ſoient exactement ſynonimes. Ce
qu'il nous ſemble voir, c'eſt que *repentance*
eſt un mot qui commence à vieillir, & à
ne ſe trouver plus que dans quelques livres
aſcetiques, c'eſt-à dire, de dévotion.

Pag. 534. »   *Exemple*

» Ne demandez à Dieu ni gloire, ni richeſſe,
» Ni ces biens dont l'éclat *rend* le peuple *étonné*;
» Mais pour bien *commander*, *demandez* la ſageſſe,
» Avec un don ſi ſaint tout vous ſera *donné*.
» Ecoutez. & *liſez* la céleſte parole &c.

M. de Wailly avoit aſſez de goût pour
mieux choſir. L'exemple qu'il cite ici, quoique très pieux, ne fait pas honneur à ſon
diſcernement. Ce *rend le peuple étonné* n'eſt
pas merveilleux. Ce participe *étonné* rimant

avec l'hémiſtiche ſuivant *commander*, ces *commander*, *demandez* établis l'un auprès de l'autre, ce *donné* qui frappe l'oreille à peu près de la même manière que *liſez* hémiſtiche qui ſuit, tout cela prouve que le Poëte auroit dû faire autrement, & que le Grammairien auroit dû s'adreſſer ailleurs.

Nous aurions à faire ſur la ſeule orthographe de M. de Wailly preſque autant d'obſervations que nous en avons fait ſur tout le reſte : il faut que nous nous en abſtenions dans ce moment, afin que nous ne donnions pas à des remarques détachées toute l'étendue d'un ouvrage lié.

Diſons en finiſſant que M. de Wailly a fait une bonne Grammaire, inconteſtablement très bonne pour lui, elle lui a valu au jugement de l'Académie Françoiſe le prix d'encouragement fondé par M. de Valbelle, & la qualification de *Grammairien très diſtingué*.

Un Grammairien qui n'eſt pas philoſophe, n'eſt pas même Grammairien, dit Dumarſais, & l'on ne ſçauroit le nier. Or M. de Wailly eft - il philofophe ? fa manière de définir femble dire *non*, & la véritable philofophie confifte principalement dans la clarté, dans la précifion, dans la juftefse des définitions.

Sauf le refpect que nous devons au triomphe de M. de Wailly, fa Grammaire n'eft, felon nous, ni affez méthodique pour ceux qui commencent à apprendre, ni affez profonde pour ceux qui ont déjà fait quelques progrès. Rien de plus néceffaire, rien de plus difficile que de concilier la méthode & la profondeur, comme rien de moins agréable, rien de moins utile qu'une compilation indigefte, fut - elle tirée des meilleurs Auteurs. Nous croyons que celle de M. de Wailly auroit intrinféquement un certain prix moyennant une refonte générale par laquelle on la diminueroit de moitié, ou bien on l'augmenteroit d'autant, afin qu'elle devint une Grammaire élémentaire, ou une Grammaire complette.

Nous entendons par *méthode* l'ordre graduel & lumineux qui facilite l'intelligence des principes fondamentaux, ainfi que l'affociation & la ténacité des idées dans la mémoire.

Nous entendons par profondeur le developpement raifonné des *idiotifmes*, & leur réduction naturelle à l'analogie commune de l'art de parler, toutes les fois que cette réduction peut avoir lieu

Hoc opus, hic labor eſt, voilà le travail & l'ouvrage du véritable Grammairien, c'eſt-à dire, du Grammairien philofophe, travail eſtimable, ouvrage précieux qu'on exigeroit inutilement du fimple compilateur.

Nous efpérons qu'on trouvera cette méthode fans aucune limitation, & cette profondeur avec les reſtriction convenables dans nos *éléments de la Langue Françoife*, & dans nos *éléments de la Langue Latine*. Ils ne demandent qu'à fortir de notre portefeuille où ils repofent, ainfi que notre *traité de morale naturelle & univerfelle*, & notre *effai de traduction en vers latins d'une anthologie françoife des plus variées & des plus intéreffantes*. Nous fairons imprimer tout à la fois ces quatre ouvrages auxquels nous avons mis la dernière main depuis plusieurs années. Nous attendons pour cette effet une circonstance favorable qui nous y détermine.

Cette circonstance favorable seroit celle qui nous mettroit en état d'avancer les frais de l'exécution typographique, & de nous faire trouver dans nos travaux un petit bénéfice honnête, une souscription deviendroit la voie propre à nous y conduire. Nous l'emploierions, si nous étions sûrs d'avoir le nombre d'abonnés qui nous seroit nécessaire, il nous en faudroit douze cents, ou mille tout au moins; & en l'employant, nous nous engagerions à remettre en bonne & dûe forme à chacun de nos Souscripteurs par une même livraison pour la somme de 10 liv. que chacun nous auroit payée, nos *quatre* ouvrages qui en fairont *six*, parce que nous annéxerons à nos *éléments de la Langue Françoise* notre *Grammaire Françoise philosophique* avec nos *observations sur Boileau, sur Racine, sur Crébillon, sur Voltaire, & sur la Langue Françoise en général.*

Notre manière de traiter les matières fur lefquelles nous écrivons, étant connue du public tant d'après notre *Grammaire* & d'après nos *obfervations* ci deffus enoncées, que d'après notre Journal de Littérature intitulé *Porte-feuille Hebdomadaire*, nous ofons nous flatter qu'il voudra nous aider à lui communiquer les écrits que nous lui annonçons, & que nous avons tâché de rendre dignes de lui, en y joignant avec toute la clarté poffible la plénitude à la brieveté, fans que l'une préjudicie à l'autre

Dans le cas où notre attente feroit fruftrée de ce côté là, ce qui nous mortifieroit beaucoup, nous confentirions à vendre notre copie, pourvu qu'on l'achetât ce qu'elle vaut, en nous réfervant la liberté de décider du caractère, du papier, du *format* de chaque volume, & le droit de corriger les deux dernières épreuves de chaque feuille, afin que le tout en fût plus agréable au Lecteur, & que l'Acheteur même y trouvât mieux fon compte.

A M. PIERS d'Audruick dont les premières productions annoncent un talent décidé pour la Poëſie Françoiſe :

Lis eſt cum donis fortunæ antiqua Poëtis,
Noſter enim congeſſit opes Voltærius unus.
Ergo phæbeâ quanquàm ſis doctus in arte,
Sermoni recto tu ne præponito verſum ;
Carmina condendo, multùm lucraberis auræ,
Cauſas orando, aut relevando corpora morbis ;
Multùm auræ ſimul, & multùm lucraberis auri.
Egregias laudes, unâ & ſpolia ampla reférre
Cùm valeas, malis quàm nudum ré ſine nomen.
Hæc, quia te volumus fortunatum eſſe, monemus ;
Quos nobis monitus noſtra experientia dictat,
Non tua, ſic præſagiinus, ſapientia ſpernet.

TRADUCTION.

Il y a un procès d'ancienne date entre les Poëtes, & les dons de la fortune ; ce qui le prouve bien, c'eſt que Voltaire eſt parmi nous le ſeul Auteur de ce genre, qui ait amaſſé des richeſſes.

Quoique vous foyiez déjà un favori des Mufes, ne préférez donc pas la poëfie à la profe ; en faifant des vers, vous receuillerez beaucoup d'acclamations ; en exerçant la profeffion d'Avocat, ou celle de Médecin, vous recueillerez tout à la fois beaucoup d'acclamations, & beaucoup d'or.

Puifque vous pouvez le faire, attachez-vous à vous procurer des avantages folides par le moyen de la gloire la plus flatteufe, au lieu de vous contenter d'une réputation ftérile.

C'eft parce que nous fouhaitons que vous foyiez heureux, que nous vous donnons cet avis ; notre expérience nous le dicte, votre fageffe nous fait préfager que vous ne le méprilerez point.

Avec plaifir j'ai lu plufieurs de vos *à toi* ¶.
Ils font fpirituels, ils font pleins d'harmonie ;
Vous ne tenez pas tout encore, croyez - moi,
Il vous refte à faifir le ton du vrai génie.
Celui qui l'a, n'eft point pompeufement verbeux,
Au lieu de s'amufer à tout femer de rofes,
En peu de mots choifis il dit beaucoup de chofes,
Ami, voilà, voilà le langage des Dieux.
Pourvu que vous fuyiez le vain papillotage,

¶ M. PIRKS a fait plufieurs Pièces fugitives qui commencent toutes par *à Toi*

Vous parlerez très bien ce fublime langage,
De vos legers défauts votre âge vous abfout,
Et vos réflexions mûriront votre goût ;
Elles vous apprendront qu'un faux panégyrique
Qui flatte plus, vaut moins qu'une honnête critique.
Horace & Defpréaux font deux Cenfeurs parfaits
A confulter toujours, à n'oublier jamais.
Horace & Defpréaux font deux parfaits modèles
Dont le feu rarement jette des étincelles,
Dont l'air négligé même eft un effet de l'art
Qui tient à la nature, & dédaigne le fard.
En marchant fur les pas de l'excellent Horace.
Vous gagnerez un jour le fommet du Parnaffe,
En compofant d'après l'excellent Defpréaux,
Vous frapperez des vers toujours pleins, toujours beaux.
Pour devenir célèbre au bords de l'Hipocrène,
Qui devez - vous fur tout imiter ? la Fontaine.
Ce divin Champenois par fa naïveté
Met au deffous de lui toute l'antiquité ;
Propre pour les enfants fa riante fageffe
Enchante l'âge mûr, & charme la vieilleffe.
Vive dans tous les temps, vive Château Thierry
Où naquit d'Appollon ce digne favori.

Réponfe de M. PIERS en Vers François à M. d'AÇARQ,

Je fuis, j'en fais l'aveu, la colombe timide
Dont l'effor ne va point jufqu'aux plaines des cieux ;
Mais dans vos vers brillants, comme au miroir d'Armide,
J'ai lu de mon devoir les traits officieux.
  Puifque l'Olympe aime à fourire
A la fublimité de vos nobles accents,

Qu'ils veuillent me conduire au foyer des talents ,
    C'eſt à vous à regler ma Lyre.
Dans vos heureux accords j'admire la raiſon
Que vous aſſociez aux tréſors du génie !
Quels charmes elle ajoute à ceux de l'harmonie !
Un chant de votre verve eſt meilleur qu'un ſermon.
Près de vous je ne ſuis qu'un fragile bouton
Que devroit mépriſer la fleur épanouie ;
Nous ſommes, vous Phébus, & moi ſon nourriſſon.
    Sur ces vers enfantés par la ſeule nature
        Daignez jetter un coup d'œil indulgent,
Jeune encor notre eſprit n'a qu'un pas chancellant,
Dans le printemps jamais une pomme n'eſt mûre.
Il faut que le ſoleil d'un feu vivifiant
Augmente ſon contour, l'anime, l'embelliſſe,
La pare par degrés d'un coloris charmant.
Le cœur plein d'un eſpoir ſi doux , ſi conſolant,
J'attendrai de vos ſoins ce généreux ſervice :
Vous me conſeillerez , j'entrerai dans la lice,
Je ſuivrai vos conſeils, je ſerai triomphant.

VERS Latins, & VERS François de M. D'AÇARQ à M. PIERS, en réponſe à ſa réponſe,

Non noſtrum cytharæ ſuavis componere chordas
    Tam benè quas novit tangere veſtra manus.
Aurea vena tibi, tibi nec non aurea mens eſt,
    Aurea plectra tenes , aurea verba ſonas.
Conceſſiſſe mihi nimias culpabere tantùm
    Tu laudes, minimè queis ego dignus eram.
Cùm nimiæ ſunt, eſſe ſolent injuria laudes,
    Unica laus , parcè quæ datur , illa placet.

Grandiloqui , hoc verum , Phœbi sum verus amator ;
  Tu que mihi es carus , quòd tibi Phœbus inest
Nempe salutavi juvenis de limine Musas ,
  Me vates primùm , dein tenuere sophi.
Commodo me Musis , sophiæ me præbeo totum ,
  sic grata & felix integra vita fluit.

Traduction.

Ce n'est pas à moi à disposer les cordes de la charmante Lyre que votre main touche avec tant d'habileté.

Veine, esprit, archet, expression, tout est d'or chez vous.

On ne vous reprochera que de m'avoir prodigué des éloges que je suis bien loin de mériter.

On injurie communément celui qu'on loue à toute outrance; la seule louange qui plaise, c'est celle où il n'entre point d'hyperbole.

Je suis un véritable amateur du sublime Apollon , cela est vrai , & vous m'êtes cher , parce que ce Dieu vous inspire.

Il est certain que dans ma jeunesse j'entrouvris la porte du Sanctuaire des neuf Sœurs pour les saluer, que je me tournai d'abord vers la poësie; mais ensuite la morale a fait ma principale occupation.

Je me prête aux Mufes, je me livre en-
tièrement à la philofophie; c'eft le moyen
de paffer toute fa vie dans le plaifir & dans le
bonheur.

Par le ftyle du jour ne voulez - vous que plaire ?
Travaillez quelquefois, comme faifoit Voltaire.
Voulez - vous qu'on vous life en tout temps, en tout lieu ?
Travaillez conftamment, comme fit Montefquieu,
   Ce dernier eft un Philofophe
   Dont le cœur généreux echauffe
Les grandes vérités qu'on doit à fon efprit;
Tant du vrai que du faux par tout l'autre fe rit.
   Auquel donner la préférence ?
   Une pareille différence
Ne laiffe fur ce point aucune liberté;
Pour Montefquieu feront l'impartialité,
   Quiconque par lui même penfe,
   Et toute la poftérité.

Envoi de ce mélange de Littérature à Madame de SAINT-SERNIN époufe de M. de SAINT-SERNIN, Maréchal de Camp, Commandant de Saint-Omer.

O vous, par votre efprit l'honneur de notre plage !
  Deux Mufes des bords de l'Aa
  Vous adreffent ce badinage ;

A leur gré de fes dons Appollon les combla,
Si vous approuvez leur hommage.
S'il pouvoit vous plaire un moment
Le poëtique amufement ;
S'il méritoit votre fuffrage ,
Ce fuffrage éclairé, charmant,
L'une feroit ravie , & l'autre également
De voir que vous daignez fourire à leur ouvrage ,
Le partage des deux feroit l'enchantement.
O vous , par votre cœur encore
L'ornement du pays que votre efprit honore !
Tenez - nous compte au moins du fincère defir
qui ne nous manque pas , de vous faire plaifir.

A M. BACHELET, Avocat au Parlement, Échevin de Saint-Omer , Lieutenant-Général d'Audruick , jufte appréciateur des chofes :

Ce que j'ai vu dans tous les temps ,
Ici je me plais à le dire ;
Je fairai quelques mécontents ,
Soit , je ne fais nulle fatyre.
Je mets feulement au grand jour
Une vérité refpectable ,
Et je l'expofe fans détour
parce qu'il faut être équitable.

———————

Vous connoiffez ces Officiers
Qu'à tort on nomme *de fortune* ;
Ma foi, ce font là des guerriers
D'une vaillance peu commune.

Ils ne doivent qu'à leurs vertus
Leur rang, source de leur nobleffe;
Les autres plus chers à Plutus
En ont souvent moins de fageffe.

Puiffent s'accroitre les honneurs
Des premiers, vrais fils de Bellone;
La bravoure embrafe leurs cœurs,
Et l'eftime les environne.
Bons Capitaines, bons Soldats,
Ils embelliffent leur carrière,
Ils triomphent dans les combats,
Pour eux il n'eft point de barrière.

Par leur mérite foutenus
Ils prennent l'effor vers la gloire,
Leurs noms fimples, mais ingénüs
Vivront au Temple de Mémoire.
Chacun dira de chacun d'eux,
On ne lui fit aucune grâce,
Il ne tint rien de fes aïeux,
Il devint le chef de fa race.

Telles que je vous les promis,
Voilà, Monfieur, les quatre ftrophes;
Trouveront-elles des amis?
Oui, du moins dans les Philofophes.
Ils chériffent la liberté
Qu'on prend de peindre fans nuage;
Ma forte de naïveté
Me fait efpérer leur fuffrage.

On dit que dans la fiction
Confiste des vers la magie ,
Que les vers fans inverfion
Sont deftitués d'énergie.
De n'avoir point ces qualités
Les miens pourroient être blàmables ;
Ils tracent des réalités ,
Cela les rend plus excufables.

(44)

Sur l'Épitaphe d'un Grammairien *faite par* Piron *pour ridiculifer tous les Grammai-riens en général que le Poëte haïffoit à caufe de fon incorrection :*

Dans fes cauftiques vers malgré tout ce que jappe
L'Auteur très ordurier qui fit *l'Ode à Priape,*
  Si parmi les Grammairiens
  Il fe trouve des *Jobelins,*
Par fois on trouve auffi quelques *Quintiliens*
Qui ne méritent pas que le Roquet les happe.
  Par ainfi la profcription
  De Meffer Aléxis Piron,
Qui paroît enlever l'efpèce toute entière,
  Part d'une Mufe harengère,
  D'une bâtarde d'Appollon,
Fille par traits pareils peu digne de fon père
A Duclos, à Fromant, A Girard, à Buffier,
A Dumarfais fur tout, pour les juftifier,
Nous avons cru devoir rendre ce témoignage
Dont l'ombre d'Alexis là bas fans doute enrage,
d'Alexis qui chanta fans favoir folfier.

† La Grammaire *folfie,* la Poëfie chante; & fans celle-là, celle-ci eft toujours défectueufe.